Spuren der Vergangenheit

Auf den Spuren versunkener Städte

von Mike Corbishley

Illustrationen von Roger Wade Walker

Aus dem Englischen
von Gabriele Graf

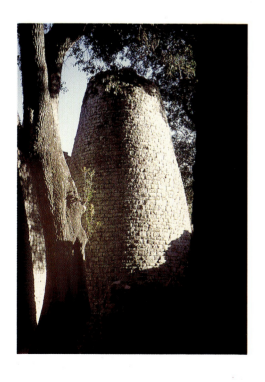

Arena

Planung und Ausführung:
Belitha Press Ltd.
31 Newington Green, London N16 9PU

Die englische Erstausgabe erschien 1989 bei
Hamish Hamilton Children's Books,
27 Wrights Lane, London W8 5TZ

Der Titel der Originalausgabe lautet:
Secret Cities
© Belitha Press Ltd., London, 1989
© Text: Mike Corbishley, 1989
© Illustrationen: Roger Wade Walker, 1989

1. Auflage 1991
© der deutschen Ausgabe by
Arena Verlag GmbH, Würzburg, 1991
Alle Rechte vorbehalten
Einbandgestaltung: Karl Müller-Bussdorf
Titelillustration: Peter Eilhard
Lektorat: Stefan Wendel
Gesamtherstellung: Imago Publishing,
Hong Kong
ISBN 3-401-04371-4

Bildnachweis:
The Ancient Art and Architecture Collection:
43, 44 beide (B. Norman).
Aspect Picture Library: 30.
Martii Kainulainen, Colorific: 33.
Robert Harding Picture Library: 7, 14, 20, 29
beide, 31, 34 oben rechts, 37 oben links, 38,
40 oben rechts.
Chris Molan: 26.
The British Museum: 6 (Folio Society).
The Peabody Museum, Harvard University:
37 unten rechts (Hillel Burger).
Staatliches archäologisches Museum Warschau: 11 oben, unten rechts
Pedicini SNC: 27.
Picturepoint: 18, 21, 25, 28, 45.
Andrzej Ring: 10 beide, 11 unten links.
South American Pictures: 39, 40 Mitte links.
Xinhua News Agency: 32, 34 unten links, 35
beide.
York Archaeological Trust Picture Library:
12, 13.
Karte und Diagramm von Gillian Riley.

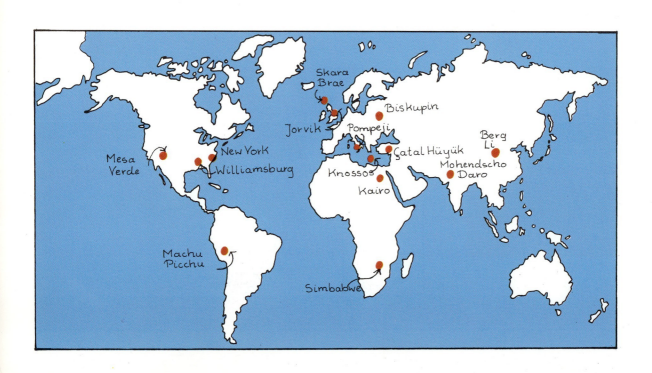

Inhalt

Einführung
Archäologie – ein
Detektivspiel 4

1 Skara Brae
Das Dorf unter der Düne 6

2 Biskupin
Eine Stadt aus Holz 9

3 Jorvik
Eine Wikingerstadt 12

4 Çatal Hüyük
Eine Stadt ohne Türen 14

**5 Der Bau
der Cheopspyramide** 16

6 Knossos
Ein Palast auf Kreta 19

7 Pompeji und Herculaneum
Unter Schutt und Asche 22

8 Mohendscho Daro
Eine saubere Stadt 28

9 Die Ruinen von Simbabwe 30

10 Ts'in Schi-huang-ti
Der erste Kaiser von China 32

**11 Die Felsendörfer
in der Mesa Verde** 36

12 Machu Picchu
Die versunkene Stadt
der Inka 38

13 Williamsburg
Eine amerikanische
Kolonialstadt 42

14 Das Empire State Building
Archäologie der Zukunft? 45

Worterklärungen 47

Register 48

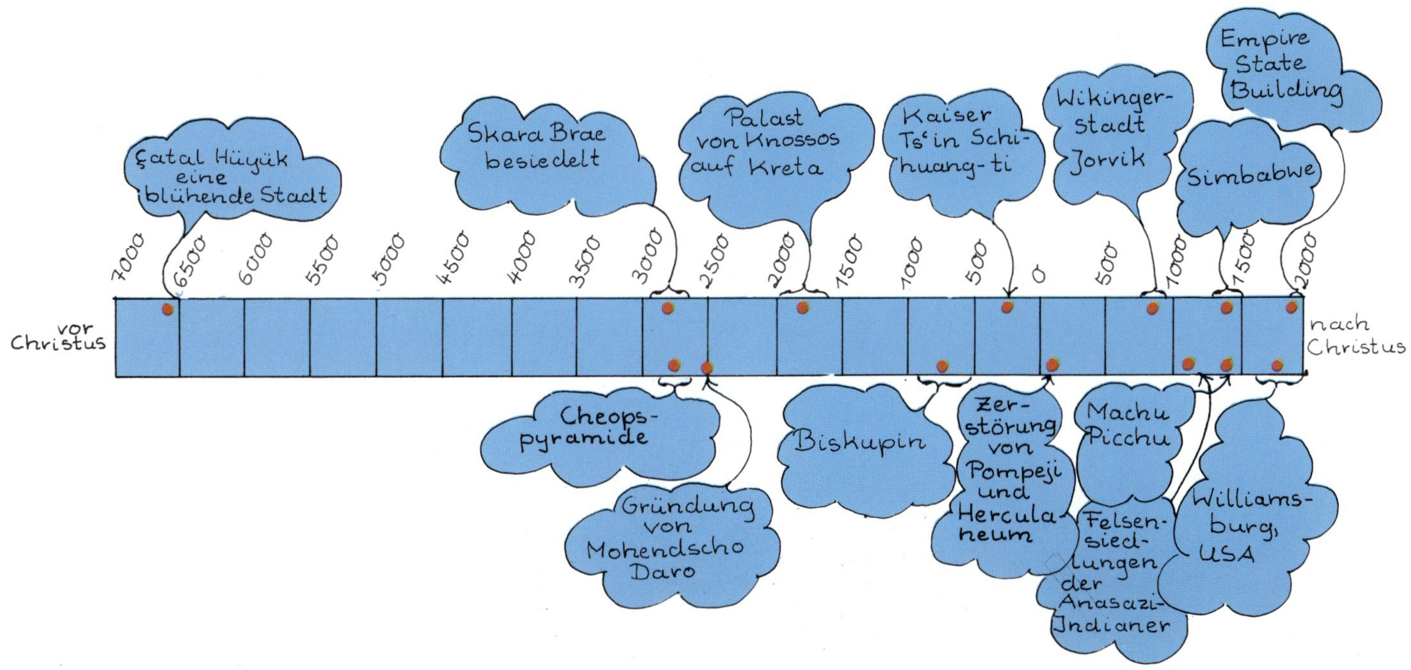

Einführung

Archäologie – ein Detektivspiel

Dieses Buch beschäftigt sich mit verschiedenen Arten von Gebäuden, die Menschen in der Vergangenheit errichtet haben. Du wirst Bauwerke kennenlernen, die vor 8000 Jahren erbaut wurden, aber auch solche, die erst in unserer Zeit entstanden sind.

In vielen Teilen der Welt, von Peru bis Pakistan, gibt es versunkene Städte. Häufig sind diese Städte auf aufregende Weise wiederentdeckt worden – aufregend für die Archäologen, die nach Hinweisen auf das Leben der Menschen in vergangenen Zeiten suchen. Beim Lesen dieses Buches kannst auch du ein Archäologe auf Spurensuche werden. Du brauchst bloß die Augen offenzuhalten! Aber laß uns mit etwas Vertrautem beginnen, um deinen Blick für die Spuren der Vergangenheit zu schärfen.

Sieh dir einmal die Zeichnung dieses modernen Hauses auf der gegenüberliegenden Seite genau an. Ein Teil des Daches wurde weggelassen, damit man hineinschauen kann. Du kannst deine Arbeit als Detektiv gleich beginnen, indem du dir überlegst, um was für ein Gebäude es sich hier handelt. Such nach Hinweisen! Was sagt dir, daß es sich um ein Haus und nicht um eine Fabrik oder eine Kirche handelt? Wenn es als Wohnhaus verwendet wird, wie viele Bewohner könnte es haben?

Das verlassene Haus rechts oben ist schon ein Fall für den Archäologen. Das ganze Haus verfällt. Man hat alle Gegenstände aus dem Haus entfernt. Trotzdem sind noch eine ganze Menge Hinweise zu entdecken, wie das Haus früher ausgesehen haben muß.

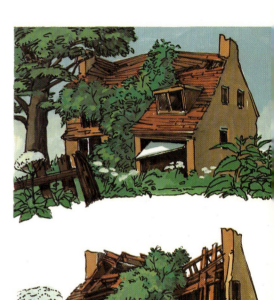

Nach vielen Jahren sieht das Haus dann vielleicht aus wie auf dem mittleren Bild. Alle Holzteile (wie das Dach, die Türen, die Fensterrahmen und der Zaun) sind verwittert. Ein paar Wände sind eingefallen, oder man hat sie entfernt und die Steine für ein anderes Gebäude verwendet. Als Archäologe auf Spurensuche tut man sich jetzt schon etwas schwerer, um herauszufinden, was hier in der Vergangenheit passiert ist.

Viele, viele Jahre später ist das Haus nahezu verschwunden. Nur ein paar Bodenerhebungen deuten an, wo einst die Mauern standen. Ein Archäologe weiß solche Hinweise zu deuten. Um mehr über das Gebäude und seine Bewohner zu erfahren, müßte man in diesem Fall Ausgrabungen vornehmen. Dabei könnte man vielleicht den Grundriß des Hauses ermitteln. Mit etwas Glück ließe sich möglicherweise sogar noch herausfinden, wo die Pfosten des Gartenzaunes standen. Unter Umständen stieße man auch auf andere Indizien wie verlorene oder weggeworfene Gegenstände.

Was würden dir diese Spuren über die Menschen, die einst hier lebten, sagen?

1 Skara Brae   Das Dorf unter der Düne

Weit oben im Norden Schottlands wütete ein gewaltiger Sturm. Das Meer wurde aufgewühlt und peitschte über die kleine Bucht von Skaill auf der Insel Orkney hinweg. Heftige Windböen zerrten an dem Gras auf der Sanddüne, die die Bewohner dieser Gegend Skara Brae nennen. Der lose Sand wurde vom Wind über die Heidelandschaft davongefegt.

Am Morgen nach diesem Sturm im Winter des Jahres 1850 entdeckte man unter der Düne ein ganzes Dorf. Der Grundeigentümer William Watt begann Nachforschungen anzustellen und grub nach und nach die Häuser des Dorfes aus. Nach über hundert Jahren und jüngsten Ausgrabungen ist nun die gesamte Stätte freigelegt.

Es handelt sich um ein kleines Dorf mit etwa neun Häusern und einer Werkstatt. Die Häuser sind entweder aneinandergebaut oder durch enge Gänge miteinander verbunden. Wirf einen Blick in das Haus, das oben abgebildet ist. In der Mitte des Raumes befindet sich eine offene Feuerstelle. Die Möbel an den Wänden bestehen aus Stein. Sieh dir mal die Anrichte mit den Regalen, das mit Heidegras ausgelegte Bett, die in die Wände eingebauten Regale und die im Boden eingelassenen Wasserbecken an, in denen Fischköder gehalten wurden.

TATSACHEN

In Skara Brae wurden seit 1860 mehrmals Ausgrabungen durchgeführt. Neuere Grabungen 1972 und 1973 ermöglichten die Datierung der Stätte und lieferten wichtige Aufschlüsse über Ernährung und Alltagsleben der Bewohner.

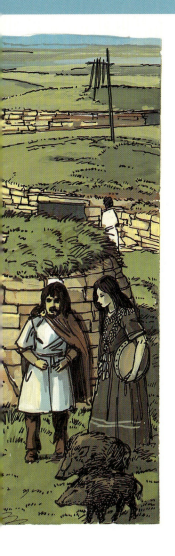

Der Abfall der Bewohner wurde zwischen den Häusern oder auf den Dächern aufgeschichtet. Die Archäologen untersuchten diesen Abfall und fanden viele Knochen, hauptsächlich von Rindern und Schafen, aber auch von Schweinen, Wild und Hunden. Man stieß auch auf Kabeljaugräten, Gehäuse von Krabben, Napfschnecken und anderen Schalentieren. Es fanden sich auch Vogelknochen (Tölpel waren beliebt) und Vogeleier.

Wenn du dir das Bild links genau anschaust, siehst du Getreide (es ist Gerste), das zu Mehl gemahlen wird, Seile, die aus Heidegras geflochten sind, Werkzeuge aus Holz, Knochen und Stein und Töpfe aus gebranntem Ton.

Heute liegt Skara Brae dicht am Meer. Anfangs befand sich das Dorf wahrscheinlich am Ufer einer Süßwasserlagune.
Die Wände der Häuser wurden aus Steinplatten aufgeschichtet, die in der Gegend abgebaut wurden. Die Dächer bestanden aus Treibholzplanken oder Walknochen, die mit Grassoden, Heidegras und Abfall bedeckt wurden.

Welche Schlüsse ziehen die Archäologen aus all dem? Da die Bewohner des Dorfes Getreide und Knochen von Haustieren wie Schafen zurückgelassen haben, müssen sie Bauern gewesen sein. Es gab auch Hinweise auf Jagd (Hirschknochen), Fischfang (Gräten, Napfschnecken als Köder) und das Sammeln von Nahrungsmitteln (Schalentiere). Man fand keine Werkzeuge aus Metall. All dies führt zu dem Schluß, daß das Dorf von den ersten Bauern Großbritanniens bewohnt wurde – in einer Zeit, die Neolithikum oder Jungsteinzeit genannt wird. Untersuchungen mit der sogenannten Radiokarbonmethode haben ergeben, daß Skara Brae zwischen 3100 bis 2450 v.Chr. bewohnt war. Man nimmt an, daß die Siedlung aufgrund der ständigen Sandstürme verlassen wurde. Das aufgegebene Dorf wurde von einer Sanddüne völlig überlagert, bis es 4300 Jahre später durch einen Sandsturm wieder zum Vorschein kam.

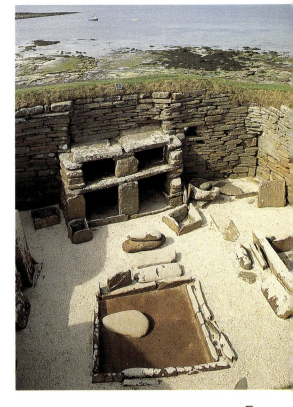

2 Biskupin Eine Stadt aus Holz

Während der Eisenzeit waren die Menschen überall in Europa in Kriege verwickelt. In Biskupin, 250 Kilometer westlich von Warschau in Polen, wurde 1933 eine außergewöhnliche archäologische Stätte entdeckt – eine Stadt ganz aus Holz: Die Befestigungsanlage, die Häuser, selbst die Straßen waren aus Holz!

Und das Beste von allem: Wenn man Biskupin heute besucht, kann man noch durch diese Straßen gehen oder die Befestigungsanlage erklimmen, denn ein Teil der Stadt ist wiederaufgebaut worden.

Die Stadt, die zwischen dem 8. und dem 5. Jahrhundert v.Chr. bewohnt war, wurde auf einer Insel im Biskupinsee erbaut und war über einen 120 Meter langen Damm mit dem Festland verbunden. Da die Anlage überflutet wurde, blieb das Holz erhalten, und es gelang den Archäologen, ein genaues Bild der Stadt zu rekonstruieren.

Eine Verteidigungsanlage, deren Bauweise an eine mit Erde und Lehm gefüllte Holzkiste erinnert, umgab die ganze Stadt, die nur über einen einzigen, streng bewachten Eingang verfügte. Jede Familie bewohnte eine Einheit zu ebener Erde in den langen Häusern, die sich in parallelen Reihen durch die ganze Stadt zogen.

TATSACHEN

Alles in allem wurden 7155 Kubikmeter Holz benötigt, um Biskupin zu bauen.

Der befestigte Schutzwall hat einen Umfang von 417 Metern.

Die Rekonstruktion einer der Blockhütten in Biskupin mit dem Hauptraum und einer Feuerstelle. Da die ganze Hütte aus Holz und Stroh bestand, wurde das Feuer aus Sicherheitsgründen auf Steinplatten entzündet. Der Schlafbereich befindet sich im hinteren Teil der Hütte. Das Vieh wurde auch in der Hütte gehalten. Auf dem Zwischenboden, den man über eine Leiter erreichte, wurden Viehfutter, Stroh und Lebensmittel aufbewahrt.

Das wiederaufgebaute Biskupin heute. In einigen der Blockhütten lebten Handwerkerfamilien, die sich auf das Weben, die Metallverarbeitung und auf die Herstellung von Geräten aus Knochen spezialisiert hatten.

Warum war die Anlage so exakt geplant worden, und aus welchem Grund lebten die Familien alle in fast identischen Häusern? Man könnte an einen großartigen Entwurf irgendeines Häuptlings oder Anführers denken, doch als Beweis hierfür fehlt das große Haus, in dem eine so bedeutende Person gewohnt hätte. Vielleicht entschieden die Bewohner selbst über die Gestaltung ihrer Stadt, indem sie eine Wahl abhielten oder einen ernannten Rat abstimmen ließen.

Die Bewohner von Biskupin waren Bauern. Sie züchteten hauptsächlich Rinder, aber auch Schweine, Schafe und Ziegen. Sie hielten Hunde und Pferde und bauten verschiedene Getreidesorten wie Weizen und Gerste sowie Gemüse an. Sie ergänzten ihren Speiseplan, indem sie fischten und Rotwild, Wildschweine und Hasen jagten.

Diese Bilder zeigen, wie genau die Stadt geplant worden war. Die längsten Reihen bestehen aus zehn Häusern. Die Archäologen schätzen, daß Biskupin 700 bis 1000 Einwohner in über 100 Häusern hatte.

So wurden Luftaufnahmen früher gemacht.

Die Ausgrabungen in Biskupin wurden durch den Zweiten Weltkrieg jäh unterbrochen. Die Ergebnisse der Rekonstruktionsversuche, die bis dahin erzielt worden waren, wurden völlig zunichte gemacht. Erst 1947, als der Krieg vorbei war, konnten die Ausgrabungen wieder aufgenommen werden.

3 Jorvik — Eine Wikingerstadt

TATSACHEN

Jorvik wurde unter einer Straße namens Coppergate entdeckt. Der Straßenname bedeutet in der Sprache der Wikinger »Straße der Hersteller von Holztassen«.

Heute kann man in York rekonstruierte Wikingerhäuser besichtigen.

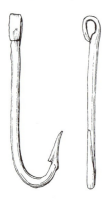

Neben Netzen und Fallen verwendeten die Wikinger auch Angelhaken aus Eisen. Die Bewohner Jorviks aßen große Mengen von eingelegtem Hering, aber auch Lachs, Aal, Hecht, Barsch, Rotauge, Scholle und Kabeljau.

Die Lederverarbeitung war ein wichtiges Handwerk in Jorvik. Neben Schuhen wurden auch Gürtel, Handschuhe und Schwertscheiden hergestellt.

»Voll von den Schätzen von Händlern aus vielen Ländern« – so beschrieb ein Schriftsteller um das Jahr 1000 n.Chr. die Wikingerstadt im Norden Englands, die heute York heißt. In den letzten Jahren haben Archäologen viele dieser Schätze zu Tage gefördert. Jorvik war eine reiche Stadt, deren Wohlstand daher rührte, daß ihre Handwerker wertvolle Waren herstellten, die die Händler mit der übrigen Wikingerwelt und anderen Völkern tauschten.

All dies hat eine Vorgeschichte: Die aus Skandinavien stammenden Wikinger drangen im Jahre 793 n.Chr. erstmals in Britannien ein, als sie die Insel Lindisfarne vor der northumbrischen Küste angriffen. Weitere Attacken dieses Seefahrer- und Piratenvolks folgten. Einige Wikinger gründeten entlang der Ostküste Britanniens Siedlungen und Bauernhöfe. Im Jahre 866 v.Chr. kamen Wikinger aus Ostanglien und eroberten York, die Hauptstadt des angelsächsischen Königreiches Northumbrien. Die Wikinger regierten York fast neunzig Jahre lang. Der letzte Wikingerkönig, Erich Blutaxt, wurde im Jahre 954 n.Chr. von den Sachsen vertrieben. Die Stadt York ist keine Grün-

dung der Wikinger. Sie übernahmen sie von den Angelsachsen, die die Stadt über den Ruinen eines römischen Castells angelegt und innerhalb der Befestigungsanlagen eine Bischofskirche erbaut hatten. Die Wikinger vergrößerten die Stadt, und im 10. Jahrhundert soll York 30 000 Einwohner gehabt haben.

Die Ergebnisse der jüngsten Ausgrabungen sagen sehr viel über das Leben der Wikinger von Jorvik aus. Stell dir mal vor, in dieser Stadt zu leben! Es gab zwei Arten von Häusern. Sie waren etwa sieben Meter lang, vier Meter breit und aus Holz, wobei die Wände entweder aus mit Lehm beworfenem Flechtwerk oder aus Holzbrettern bestanden. Die Familien wohnten in einem einzigen Raum mit Lehmfußboden. In diesem Raum wurde gekocht, gegessen und geschlafen. Eine Latrine befand sich hinter dem Haus und sorgte mit dem Qualm der Feuerstellen und dem Vieh in den Straßen für einen atemberaubenden Gestank ...

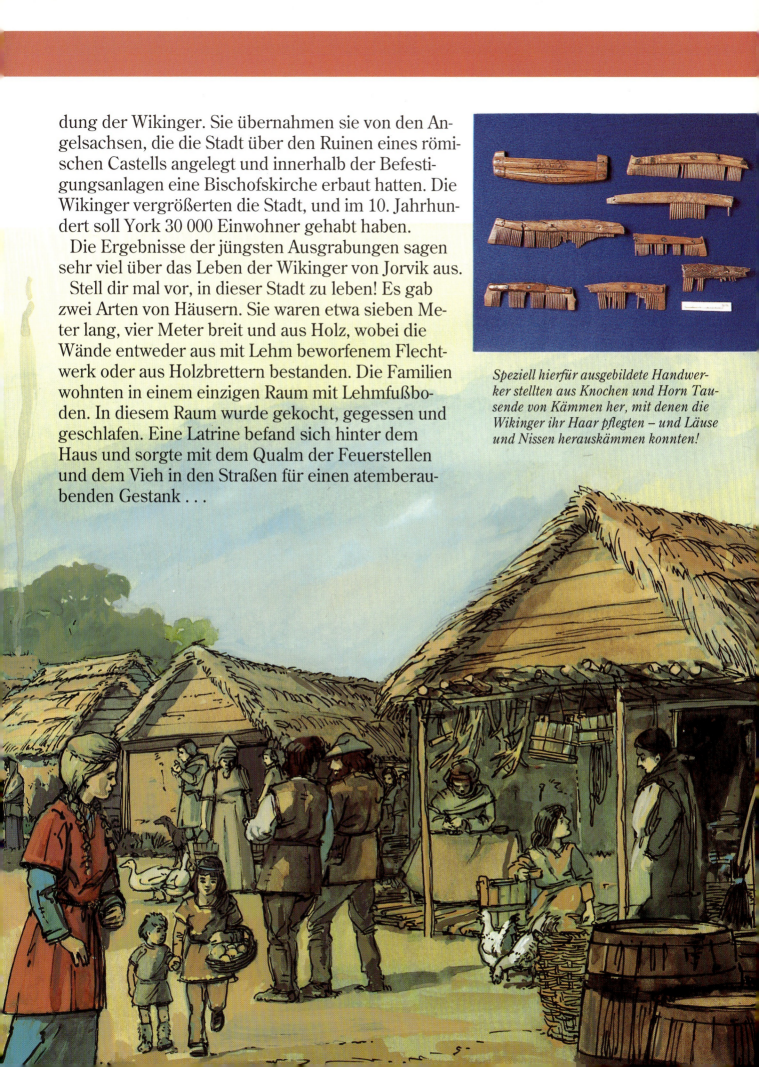

Speziell hierfür ausgebildete Handwerker stellten aus Knochen und Horn Tausende von Kämmen her, mit denen die Wikinger ihr Haar pflegten – und Läuse und Nissen herauskämmen konnten!

4 Çatal Hüyük — Eine Stadt ohne Türen

Nach mehrjährigen Forschungen in der Türkei entdeckte der britische Archäologe James Mellaart 1958 eine ganze Stadt, die auf die Zeit gegen 6500 v.Chr. zurückgeht. Es muß ein aufregender Moment gewesen sein, als man mit den Ausgrabungen begann und gleich am Anfang ein Wandgemälde entdeckte.

Çatal Hüyük ist in vielerlei Hinsicht einzigartig. Unter anderem entdeckte man ein Wandgemälde, das den Grundriß der Stadt mit einem Vulkan im Hintergrund darstellt. Die Ausgrabungen haben unser Wissen über die Häuser der Bevölkerung Çatal Hüyüks und die Schreine der Muttergöttin, die hier verehrt wurde, enorm erweitert.

TATSACHEN

Die Lehmziegel wurden in einer einheitlichen Größe von 8 x 16 x 32 cm hergestellt.

Nur ein Dreißigstel der gesamten Fläche von Çatal Hüyük wurde bisher ausgegraben.

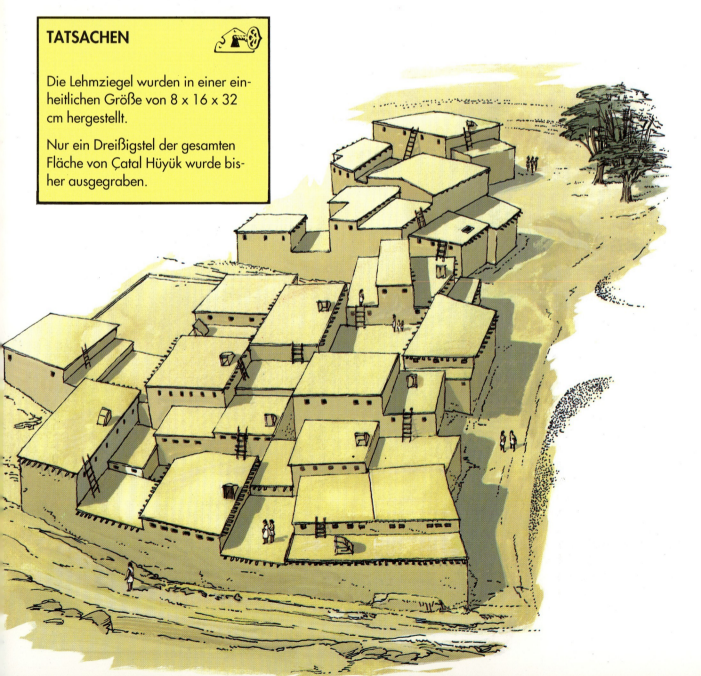

Mellaart entdeckte eine ganze Gruppe von Gebäuden, die terrassenförmig angelegt und miteinander verbunden waren. Sie bestanden alle aus einem mit Lehmziegeln ausgefüllten Holzrahmen. Keines der Gebäude hatte Fenster oder Türen; man gelangte über das flache Dach hinein. Man stieg auf das Dach hinauf und kletterte über eine Leiter ins Innere. Die Bewohner von Çatal Hüyük wandten diese Bauweise wahrscheinlich an, um sich vor ihren Feinden zu schützen.

Çatal Hüyük ist eine Siedlung der ersten Ackerbauern im Nahen Osten. Sie pflanzten Weizen, Gerste und verschiedene Gemüsearten an, zähmten und züchteten Vieh und fingen wilde Schafe. Sie jagten auch andere wildlebende Tiere, aber die Jagd war keine zuverlässige Nahrungsquelle.

Die Bewohner Çatal Hüyüks waren aber auch meisterhafte Handwerker. Sie schneiderten Kleider aus Wollstoffen und Tierhäuten und stellten alle möglichen Gegenstände aus Holz, Knochen, Stein und Metall her. Die Gebäude beweisen, wie geschickt sie mit Holz umzugehen wußten. Die Ziegel stellten sie aus in der Sonne getrocknetem Lehm her. Die Wände wurden mit einem Gemisch aus Schlamm und Stroh bedeckt, verputzt und dann bemalt. In Çatal Hüyük lebten ungefähr sechstausend Menschen.

So muß man sich die Häuser von Çatal Hüyük vorstellen. Der Plan war einfach – ein Raum mit einer Grundfläche von etwa sechs auf vier Metern. Die Häuser besaßen nah beieinander einen Backofen und eine offene Feuerstelle. Direkt darüber befand sich eine Öffnung im Dach, damit der Rauch abziehen konnte. Teile des Fußbodens waren wie Podeste erhöht angelegt. Hierbei könnte es sich um Schlafplätze gehandelt haben.

Diese Zeichnung stellt einen Schrein dar, in dem die Göttin angebetet wurde. An den Wänden wurden naturgetreue Stierschädel aus bemaltem Gips aufgehängt. Die Wandgemälde links stellen Geier dar, die sich auf kopflose Menschen herabstürzen. Man nimmt an, daß die Leichen in Çatal Hüyük im Freien bestattet wurden, damit wilde Tiere wie Geier und Schakale das Fleisch von den Knochen ablösten. Die Skelette wurden dann unter den Schreinen beerdigt; die Schädel legte man auf den Fußboden darüber.

5 Der Bau der Cheopspyramide

TATSACHEN

Die Cheopspyramide ist die größte der ägyptischen Pyramiden. Sie besteht aus 2 300 000 Kalksteinblöcken, die aus den Steinbrüchen von Trura auf der östlichen Seite des Nils mit Booten herangeschafft wurden.

Die Steinblöcke im Innern der Pyramide wiegen je ungefähr 25 Tonnen.

In der Umgebung wurden Unterkünfte für etwa 4000 Arbeiter gefunden, doch beim Bau der Pyramide waren möglicherweise bis zu 100 000 Arbeitskräfte gleichzeitig im Einsatz.

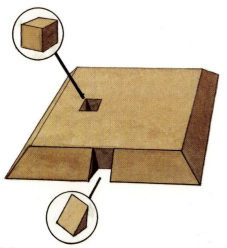

Seit frühester Zeit wurden die Pharaonen und andere wichtige Ägypter in aufwendigen Grabstätten beigesetzt. Anfangs wurden Gebäude aus Lehmziegeln errichtet, die man *Mastabas* nennt. Später wurden diese Grabstätten aus Stein erbaut. Einige Ägypter wie z.B. der berühmte Pharao Tutanchamun wurden auch in Felsengräbern bestattet. Die bekanntesten ägyptischen Grabstätten sind natürlich die Pyramiden. Die ersten Pyramiden waren sogenannte Stufenpyramiden, denn ihre Seiten waren treppenförmig angelegt. Erst allmählich entwickelten die ägyptischen Baumeister eine Methode, mit der glatte Außenflächen erzielt werden konnten.

Die berühmteste Pyramide ist die Große Pyramide in Gize bei Kairo in Nordägypten. Sie wurde für König Khufu erbaut, dessen griechischer Name Cheops war und der von 2575 bis 2550 v.Chr. regierte. Immer wieder wurde die Große Pyramide untersucht, um herauszufinden, wie sie erbaut worden ist.

1. Stufe

Nach der Wahl des Standorts (aus religiösen Gründen mußte dieser am Westufer des Nils liegen) wurde eine quadratische Fläche vom Wüstensand befreit und der darunterliegende Fels freigelegt. Jede Seite des Fundaments der Cheopspyramide mißt 230 Meter. Die Baumeister benötigten als Ausgangspunkt eine ebene Fläche. Aus diesem Grund wurden Gräben gezogen und Wasser vom Nil umgeleitet. Da Wasser von selbst eine ebene Fläche bildet, konnte man die Unebenheiten des Standortes leicht erkennen und beseitigen.

2. Stufe

Sobald das Fundament eingeebnet war, konnte mit dem eigentlichen Bau begonnen werden. Man baute von der Mitte aus und legte eine flache Schicht von Steinblöcken in der Form eines Quadrats an. Hierzu verwendete man rechteckige und dreieckige Blöcke. Auch an der Außenseite wurden dreieckige Blöcke eingesetzt, um den richtigen Winkel der Außenflächen zu erzielen.

3. Stufe

Dieser Vorgang wurde wiederholt, bis die volle Höhe der Pyramide erreicht war. Die Erbauer hatten im Laufe ihrer Arbeiten eine gewaltige, 1500 Meter lange Rampe aus Erde und Ziegeln errichtet, um die Steinblöcke über Rollhölzer auf die oberste Ebene befördern zu können. Die Rampe und das Gerüst wurden zum Schluß entfernt.

Im Innern der Pyramide

Die Pyramide enthält die Grabkammern des Königs. Während des Baus änderte Khufu wohl seine Meinung über die Lage seiner letzten Ruhestätte, denn unterhalb der Kammer, in der er schließlich bestattet wurde, gibt es zwei weitere. Die Kammern, die Eingänge, Korridore und Schächte wurden alle schon während des Baus, nicht etwa nachträglich angelegt. Als König Khufu starb, wurde sein mumifizierter Leichnam in einem großen Steinsarkophag in der innersten Kammer beigesetzt. Obwohl sämtliche Eingänge verschlossen und versiegelt wurden, wurde die Grabstätte von Grabräubern geplündert.

Die Pyramiden von Gize. Die Cheopspyramide ist die größte der Pyramiden.

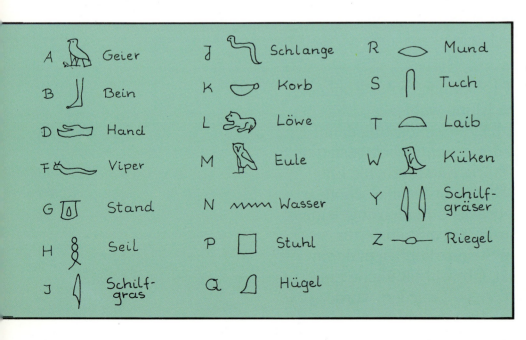

Die alten Ägypter verwendeten eine Bilderschrift, die sogenannten Hieroglyphen. Anfangs standen die Bildzeichen für ganze Wörter, später für Laute. Einige unserer Buchstaben wie E und O fehlen im ägyptischen Alphabet. Versuch' mal, deinen Namen oder einen Brief in Hieroglyphen zu schreiben. Das wäre gar kein schlechter Geheimcode, oder?

6 Knossos — Ein Palast auf Kreta

Vor viertausend Jahren war Knossos der bedeutendste Ort der minoischen Kultur auf der griechischen Insel Kreta.
Stell dir eine große Prozession zu Ehren der Schlangengöttin vor, die von den Priestern und Priesterinnen und deren Gefolge angeführt wird. Der Priesterkönig führt einen Stier, der der Göttin geopfert werden soll. Als Trankopfer wird man Wein aus besonderen Krügen, den sogenannten Rhytonen, gießen. Eines dieser Gefäße hat die Form eines Stierkopfes.

Teile der vielen Wandgemälde haben überdauert. Dieses zeigt eine der beliebtesten Sportarten, den Stiersprung. Eine Akrobatin hat den Stier bei den Hörnern gepackt. Der Stier schleudert sie in die Höhe, und sie schlägt einen Salto über seinen Rücken. Hinter dem Stier steht ein Akrobat bereit, um sie aufzufangen. Ungefährlich war dieser Sport nicht gerade...

Der Stier ist in dieser Kultur sehr bedeutend. Auch an den Gebäuden findet man in Stein gehauene Stierhörner. Der Palast ist prunkvoll ausgestattet. In Hunderten von Räumen sind die Wände mit Malereien versehen. In einige Räume wurde das Wasser durch Röhren geleitet, und es gab sogar Bäder. Der Palast ist ebenso unheimlich wie großartig. Es gibt viele dunkle Gänge. Angeblich hat hier König Minos geherrscht. Der Sage nach besaß der König ein großes Ungeheuer, den sogenannten Minotaurus, der halb Mensch, halb Stier war und dem Menschenopfer dargebracht wurden.

Der großartige Palast von Knossos wurde von dem britischen Archäologen Arthur Evans ausgegraben und kann heute besichtigt werden. Mit dem gewaltigen Grabungsprojekt wurde 1900 begonnen. Evans hatte einen Teil der Anlage von einem Einheimischen gekauft. Er rekonstruierte Teile des Palastes und der Wandmalereien. Das Volk, das zwischen 2000 und 1400 v.Chr. auf Kreta lebte, nannte Evans nach dem sagenhaften König Minos Minoer. Den alten Ägyptern waren sie als »das Volk aus dem Land der Keftiu« bekannt, da die Kreter den Pharaonen Geschenke brachten und mit ihnen Handel trieben.

Kreta war zu dieser Zeit dicht besiedelt und verfügte über eine Reihe von Palästen, Landhäusern und Städten.

Beim Bau ihrer Häuser mußten die Minoer die ständige Gefahr von Erdbeben berücksichtigen. Die Wände bestanden aus Rahmen, die aus großen Holzbalken errichtet wurden. Dieses Gerüst wurde mit Steinblöcken gefüllt. So konnte das Gebäude einem Erdbeben standhalten, selbst wenn Teile der Wände herausfielen. Einige Archäologen vertreten die Ansicht, daß das Leben in den minoischen Palästen durch einen gewaltigen Vulkanausbruch auf Santorin, einer Insel nördlich von Kreta, gegen 1470 v.Chr. ein jähes Ende fand.

TATSACHEN

Die Ausgrabungen von Knossos wurden 1900 von Arthur Evans aufgenommen. Jüngste Ausgrabungen haben Beweise für Menschenopfer erbracht.

Knossos liegt in der Nähe von Heraklion auf Kreta.

Grabungen in der minoischen Stadt Akrotiri auf Santorin lieferten Hinweise auf einen gewaltigen Ausbruch des auf der Insel befindlichen Vulkans.

Die Minoer befuhren mit ihren Handelsschiffen das gesamte östliche Mittelmeer.

Die Wände und die Decke im sogenannten »Thronsaal« von Knossos wurden rekonstruiert. Die Wandmalereien wurden nach Fragmenten, auf die man während der Ausgrabungen stieß, ebenfalls rekonstruiert. Es ist leicht nachvollziehbar, weshalb Arthur Evans diesen Raum Thronsaal nannte. Wahrscheinlich handelt es sich jedoch um das Gemach einer minoischen Priesterin.

7 Pompeji und Herculaneum — Unter Schutt und Asche

Stell dir vor, du lebst zur Zeit der alten Römer. Vielleicht sitzt du irgendwo auf dem Land im Schatten der großen Bögen eines Aquäduktes, und hoch über dir rauscht das Wasser durch die Kanäle aus Stein. Vielleicht wird die Beschaulichkeit des warmen Nachmittags von den schweren Schritten von Legionären in genagelten Sandalen auf einer steinigen Straße in der Nähe unterbrochen. Du könntest dir aber auch vorstellen, daß du in einer großen Stadt bist, in der geschäftiges Treiben herrscht. Der römische Schriftsteller Juvenal meinte einmal: »Wie sehr wir uns auch beeilen, es ist immer eine riesige Menge vor uns, und hinter uns schiebt und drängt der Pöbel. Jemand rammt dir den Ellbogen in die Rippen. Die Straßen sind schmutzig, unsere Beine sind voller Schlamm, jemand tritt dir auf den Fuß, oder ein Soldat steigt dir mit seiner genagelten Sandale genau auf die Zehe. Gerade geflickte Togas werden wieder zerrissen.«

Entlang der Bucht der großen römischen Stadt Neapolis – Neapel, die neue Stadt – befanden sich mehrere Siedlungen. Zwei von ihnen sind berühmt geworden, weil man sie wiedergefunden und ausgegraben hat. Die Römer nannten sie Pompeji und Hercula-

neum. Die beiden Städte waren im 1. Jahrhundert n.Chr. recht wohlhabend. Sie beherbergten reiche Händler und Ladenbesitzer, die stolz darauf waren, hier zu leben. Sie wollten, daß ihre Stadt so schön wie Rom, die Hauptstadt des römischen Weltreiches, sei. In Pompeji gab es weite, offene Plätze, ein großes Rathaus, mehrere öffentliche Bäder, ein Theater, in dem 5000 Zuschauer Platz fanden und ein Amphitheater, wo 20 000 Leute zusehen konnten, wie Tiere und Menschen zerrissen und getötet wurden.

Pompeji hatte eine Altstadt (wie viele unserer heutigen Städte), aber es waren auch neue Viertel entstanden. Es gab viele lange, gerade Straßen mit Läden, die sich über die Bürgersteige ausbreiteten. Du hättest hier im Slalom um arbeitende Handwerker und Schlangen von Leuten, die an einem der öffentlichen Brunnen anstanden, herumlaufen müssen. Das Bild unten zeigt eine Bäckerei, die auf Lateinisch, der Sprache der alten Römer, *pistrinum* heißt. Vom Mahlen des Mehls bis zu den fertigen Backwaren geschah hier alles an Ort und Stelle.

Das Schicksal schlägt zu

Du hättest großes Pech gehabt, wenn du am 24. August des Jahres 79 n.Chr. Pompeji oder Herculaneum besucht hättest. An diesem Tag brach der nahegelegene Vulkan Vesuv aus und schleuderte Asche und Steine viele Kilometer weit. Pompeji wurde von einer meterhohen Ascheschicht zugedeckt, und Herculaneum verschwand unter flüssigem Schlamm. Tausende erstickten oder wurden unter den einstürzenden Gebäuden begraben.

TATSACHEN

Der Geschichtsschreiber Plinius war Augenzeuge des Vulkanausbruchs 79 n.Chr. Sein Bericht über die Tragödie hat sich erhalten.

Der Archäologe Guiseppe Fiorelli füllte flüssigen Gips in die Löcher, die er in der hart gewordenen Asche und Lava in Pompeji fand. Als der Gips getrocknet war, konnte er die Gestalten längst verwester Menschen und Tiere ausgraben.

Die Wiederentdeckung der Städte

Pompeji und Herculaneum wurden 1594 durch Zufall wiederentdeckt. Die Ausgrabungen begannen erst 1748 und unterschieden sich sehr von der sorgfältigen Arbeit heutiger Archäologen. Es wurden zwar große Flächen freigelegt, doch letztendlich sah man das Ganze lediglich als Schatzsuche an. Die ersten wissenschaftlichen Grabungen wurden 1860 aufgenommen, als Guiseppe Fiorelli zum Leiter der Ausgrabungen ernannt wurde. Er machte Aufzeichnungen von seiner Arbeit und sorgte für die Gebäude, die er freilegte.

Dieses Gemälde von Francesco Piranesi zeigt den Ausbruch des Vesuvs am 8. August 1779.

Das Haus einer Familie in Pompeji

Wir stehen direkt vor diesem Haus auf der Straße. Auf der Straße ist heute viel los, denn es ist Markttag und viele Händler verkaufen ihre Waren an die Passanten. Hier, zwischen zwei Läden, ist die Eingangstür des Hauses. Wenn du durch die vergitterte Eingangstür schaust, siehst du die Art von Willkommensgruß, mit dem Fremde rechnen müssen: *Cave canem* – Vorsicht, bissiger Hund! Vermutlich gibt es hier überhaupt keinen Hund, aber da ist sicher ein Diener, der den Wachhund mimt und uns nur einläßt, wenn wir Freunde der Familie sind oder eine Verabredung mit dem Hausherrn haben. Der ist Weinhändler. Der Wein stammt von den Weinbergen an den Hängen des Vesuvs und wird im Geschäft im Vorderteil des Hauses verkauft.

Daß der Händler wohlhabend ist, zeigt uns schon die prächtige offene Halle, die die Römer *atrium* nannten. Der Fußboden ist mit Mosaiken verziert. In dem Wasserbecken, dem *impluvium,* fing man Regenwasser auf, um das Haus mit Trinkwasser zu versorgen – hübsch und praktisch zugleich.

In dem dahinterliegenden Raum mit den offenen Fensterläden führt der Herr des Hauses die Buchhaltung für seine Weinhandlung. Dieser Raum ist das große Wohnzimmer des Hauses. Die Römer nannten es *tablinum.* Die Fensterläden auf der gegenüberliegenden Seite des Raumes stehen offen, so daß man in den Garten hinaussehen kann. Unter einem von Säulen getragenen Dach befindet sich eine Wandelhalle. Im hinteren Teil des Gartens rechts in der Ecke steht der Hausschrein der Familie. Hier werden den Göttern und Göttinnen, die diese Familie besonders verehrt, Honigkuchen und Wein als Opfer dargebracht.

Im Tablinum eines Hauses in Pompeji fand man dieses großartige Mosaik. Es stellt eine Theaterprobe hinter den Kulissen dar. Die Schauspieler haben ihre Masken noch nicht aufgesetzt. Der Schauspieler auf der linken Seite wird für seine Rolle angezogen. Der Musiker in der Mitte spielt eine Doppelflöte.

8 Mohendscho Daro — Eine saubere Stadt

Nur die wichtigsten Leute der Stadt haben im Großen Bad Zutritt, wo rituelle Waschungen vorgenommen werden, bevor man die Götter und Göttinnen anbetet. Das Becken ist so tief, daß man ganz darin untertauchen kann. Um das Becken herum verläuft eine Wandelhalle, deren breites Dach vor der sengenden Sonne schützt. Dahinter befinden sich die Umkleideräume, von denen einige mit eigenen kleinen Bädern ausgestattet sind.

TATSACHEN

Mohendscho Daro liegt in der Nähe des Flusses Indus in der pakistanischen Provinz Sind. Die Stätte wurde 1922 entdeckt.

Mohendscho Daro liegt heute in einem heißen, dürren Landstrich, da sich das Klima in den 4000 Jahren seit seiner Erbauung geändert hat.

Mohendscho Daro heißt die größte Stadt einer Kultur, die sich im Tal des Flusses Indus in Pakistan entwickelte. Die Gegend war zu dieser Zeit äußerst fruchtbar, denn damals fiel dort mehr Regen als heutzutage.

Die Stadt entstand gegen 2500 v.Chr., und die Entdeckungen der Archäologen zeigen, daß es sich um eine hochentwickelte Kultur handelte. Mohendscho Daro hatte etwa 4000 Einwohner und lag auf zwei großen Hügeln.

Auf dem kleineren Hügel standen die öffentlichen Gebäude und das Große Bad. Es gab auch ein riesiges Lagerhaus, das zur besseren Belüftung und damit die wertvolle Ernte trocken blieb erhöht angelegt worden war. Ein viereckiges, 24 Quadratmeter großes Gebäude, dessen Dach auf Säulen ruhte, diente vermutlich als Versammlungshalle. Man schließt daraus, daß auf diesem der beiden Hügel die Herrscher der Stadt lebten. Vielleicht waren es Priester. Sie hatten besondere Zeremoniengebäude wie das Große Bad und die Säulenhalle. Möglicherweise verwalteten sie auch die Kornkammer Mohendscho Daros und verteilten die Ernte an die Bevölkerung, die weiter unten in der Stadt lebte und arbeitete.

Auf dem wesentlich größeren Hügel breitete sich die übrige Stadt aus. Sie war sorgfältig geplant worden. Die rechteckigen Gebäude verliefen entlang großzügiger, fast neun Meter breiter Straßen. In den Gebäuden befanden sich Wohnungen, Läden und Tempel. Die Wohnhäuser waren unterschiedlich groß; einige hatten nur zwei Räume, andere waren herrschaftliche Häuser mit zwei bis drei Innenhöfen.

Die Bevölkerung des Industales bestand hauptsächlich aus Bauern, die zahlreiche Arten von Vieh – Rinder, Schafe, Schweine und Büffel – züchteten. Sie hielten wahrscheinlich auch Pferde, Elefanten und Kamele und bauten Weizen, Gerste, Gemüse und Reis an. Im Gegensatz hierzu waren die Bewohner von Mohendscho Daro wahrscheinlich keine Bauern, sondern Handwerker und Arbeiter. Als Lohn für ihre Arbeit erhielten sie Nahrungsmittel, die die Verwalter der Kornkammer austeilten. Die Stadt besaß Kaufleute, Töpfer, Färber, Bildhauer, Juweliere und Schmiede. Auch Tänzerinnen gab es sowie eine Müllabfuhr und Arbeiter, die für die Kanalisation zu sorgen hatten.

Diese kleine Bronzefigur einer jungen Tänzerin ist nur zehn Zentimeter hoch. Ihre Arme sind mit vielen Armreifen geschmückt.

Das Abwasser der Bäder und Toiletten der Privathäuser und Werkstätten in Mohendscho Daro wurde durch ein ausgeklügeltes Kanalisationsnetz, das unter der ganzen Stadt angelegt war, entsorgt. Die Kanäle waren von Ziegeln eingefaßt und besaßen Einstiege, damit sie gewartet werden konnten. Die Häuser waren mit »Müllschluckern« ausgestattet: Die Abfälle wurden durch ein Loch in der Wand in gemauerte Becken vor dem Haus geworfen und von der Müllabfuhr abgeholt.

Einer von vielen Siegelabdrucken, die man in der Stadt fand. Prägesiegel aus Stein wurden verwendet, um einen Tonabdruck auf einem Ballen oder einer Kiste mit Waren anzubringen. Den Archäologen ist es nicht gelungen, die Schrift zu entziffern. Es könnte der Name des Händlers sein, dem das Siegel gehörte.

9 Die Ruinen von Simbabwe

Aus der Luft sieht man, daß die hohe Schutzmauer der Stätte in Ellipsenform angelegt ist.

Man schreibt das Jahr 1871. Ein bärtiger Mann stapft mit schweren Schritten durchs Unterholz. Er ist mit einem Schirm, verschiedenen Waffen, einer Decke, Taschen und vielen Schachteln bepackt. Sein Name ist Karl Mauch, ein deutscher Geologe und Forscher, der auf der Suche nach den Ruinen, die man mit dem berühmten Monomotapa-Herrscher Mutota in Verbindung bringt, am Ende einer langen Reise angelangt ist.

Karl Mauch fand die Ruinenstätte in einem Gebiet, das damals Maschonaland hieß und von einem Zweig des Zulu-Stammes bewohnt wurde. Später wurde daraus Rhodesien, und heute gehört das Gebiet zu dem südafrikanischen Staat Simbabwe.

Die Erkundung der Ruinen war schwierig, denn sie waren völlig von Gestrüpp überwuchert. Zurück in Deutschland, schrieb Mauch ein Buch über seine Entdeckungen. Er war davon überzeugt, daß es sich bei den außergewöhnlichen Steinbauten um die Goldminen Salomons, des biblischen Königs von Israel, handelte.

Erst archäologische Ausgrabungen widerlegten in den zwanziger Jahren Mauchs irrige Annahme. Zu König Salomon besteht keinerlei Verbindung. Simbabwe, so auch der Name der geheimnisumwitterten Stätte, war erst im Mittelalter von afrikanischen Volksstämmen erbaut worden.

Bis zu den siebziger Jahren wurden hier zahlreiche Grabungen durchgeführt, und heute gilt die Geschichte dieser Stätte als gesichert.

Vom 2. bis zum 4. Jahrhundert n.Chr. war der Hügel Simbabwes von Bauernvölkern bewohnt, die Bantu sprachen und Werkzeuge und Waffen aus Eisen herstellten.

Etwa vom 12. bis zum 17. Jahrhundert war Simbabwe der Kultort des mächtigen Monomotapa-Reiches. Simbabwe war in dieser Zeit auch ein äußerst bedeutendes Zentrum der Goldverarbeitung und des Goldhandels. Die eindrucksvollsten Steinbauten der Stätte wurden im 14. und 15. Jahrhundert errichtet, als mehr als 3000 Menschen – die meisten von ihnen Viehzüchter – hier lebten.

TATSACHEN

Das Wort *Simbabwe* bedeutet entweder »Häuser aus Stein« oder »Haus« bzw. »Gräber«.

Monomotapa bedeutet in der Bantu-Sprache »Herr der Bergwerke«.

In Simbabwe wurden Luxusgegenstände wie Glasperlen aus Malaysia in Südostasien und Indien sowie Porzellan aus China ausgegraben. Dies beweist, daß sich der Goldhandel der Stadt über weite Teile der Welt erstreckte. Die Häuptlinge Simbabwes herrschten vermutlich über ein großes Territorium im Umkreis der Stadt.

Die zum größten Teil gut erhaltenen Ruinen ähneln einem Verteidigungswall mit hohen Türmen. Man nimmt aber an, daß die Steinbauten vor allem Eindruck machen sollten und religiösen Zwecken dienten. Die Steingebäude waren von zahlreichen Holz- und Lehmhütten umgeben, in denen die Bevölkerung lebte.

10 Ts'in Schi-huang-ti   Der erste Kaiser von China

Unter diesem sanften Hügel würde man nichts Besonderes vermuten, oder?

Auch wenn du den Namen Ts'in Schi-huang-ti vielleicht noch nie gehört hast, so kennst du wahrscheinlich Bilder seines berühmtesten Bauwerks – der Chinesischen Mauer. Als Schi-huang-ti 221 v.Chr. an die Macht kam, vereinigte er das riesige Land zu einem einzigen Kaiserreich. Seine eigene Familie, die Ts'in-Dynastie, regierte nur elf Jahre lang, aber das von ihm geschaffene Regierungssystem hielt sich bis zum Jahre 1912. Mit der Chinesischen Mauer – mit 2450 Kilometern Länge die größte Schutzanlage der Erde – schottete er das große Reich von den im Norden lebenden »Barbaren« ab. Schi-huang-ti vereinheitlichte auch die unterschiedlichen Gesetze, Währungen, Maße, Gewichte und Schriftzeichen seines gewaltigen Reiches.

1974 machten Bauern bei Brunnenbauarbeiten am Berg Li in China eine phantastische Entdeckung. Sie stießen zufällig auf eine Reihe riesiger Gruben, die ungefähr 7000 Soldaten aus Ton enthielten!

TATSACHEN

Die Tonkrieger wurden 1974 von Bauern entdeckt, die in der nordchinesischen Provinz Schansi einen Brunnen ausschachteten.

Jeder der Tonsoldaten hat ein anderes Gesicht.

Schi-huang-ti gründete die Ts'in-Dynastie und regierte von 221 bis 110 v.Chr.

Die Soldaten sind in Reih und Glied aufgestellt, ganz so, als ob sie in den Krieg zögen. Sind die Statuen naturgetreue Portraits der Soldaten von Schi-huang-tis Armee?

Ein Bogenschütze in Schußhaltung.

Eine große Armee von Tonkriegern. Die Ausgrabungen sind in vollem Gange. Eine riesige Abdeckung wurde über den Grabungsstätten errichtet, um sie vor Wettereinflüssen zu schützen.

Dies war der Ort, an dem sich die Grabstätte Schi-huang-tis, des ersten Kaisers von China, befand. Der Kaiser selbst ruhte eineinhalb Kilometer entfernt unter einem riesigen, 1400 Quadratmeter großen Grabhügel. Der Hügel war von einer Mauer mit vier Toren umgeben. Innerhalb eines großen Hofes befand sich ein Gebäude für Diener und Wachen. Zur Zeit Schi-huang-tis begruben die Chinesen keine Menschen mehr mit ihren Herrschern, wie dies bei vielen alten Völkern üblich war. Statt dessen fertigten sie aus Ton und Bronze Statuen der Dienerschaft an und begruben sie mit, damit sie den Kaiser im Jenseits schützten und ihm dienten.

Diese versunkene Totenstadt war es, worauf die Bauern und nach ihnen die Archäologen stießen. Drei Gruben wurden entdeckt. Die größte maß ungefähr 690 mal 69 Meter. Die lebensgroßen Figuren waren in Gefechtsformation aufgestellt und standen in verschiedenen Gängen, die alle gepflastert waren und ein festes Dach hatten. In dieser Grube befanden sich über 3000 Fußsoldaten sowie Bogenschützen, Lanzenträger und Beamte; alle waren mit Waffen ausgerüstet. Auch sechs Kutschen mit Tonpferden wurden entdeckt.

Die ganze Grube war mit Flechtwerk und einer dikken Lehmschicht bedeckt. Die beiden anderen Gruben waren schon gegen Ende der Ts'in-Dynastie geplündert worden.

Ein Offizier aus einer Pferdekutsche.

Das Säubern der Figuren ist eine heikle Angelegenheit.

11 Die Felsendörfer in der Mesa Verde

»Die Behausungen sind noch sehr gut erhalten, wenngleich sie von ihren Bewohnern bereits vor einigen Jahrhunderten verlassen wurden. Unter dem feinen, trockenen Staub und den herabgestürzten Blöcken aus Sandstein, die die Räume zuschütteten, finden wir die Haushaltsgegenstände und Werkzeuge, die die Bewohner der Felsendörfer einst verwendeten, immer noch in einem guten Zustand vor«, schrieb der Archäologe Gustav Nordenskjöld, der 1891 auf der Mesa Verde arbeitete.

Die Ruinen, die Nordenskjöld beschreibt, befinden sich in der sogenannten Mesa Verde, einem Felsplateau im US-Bundesstaat Colorado. Sie wurden 1874 entdeckt und erstmals untersucht. Spätere Nachforschungen enthüllten eine Reihe von Siedlungen der Anasazi-Indianer, die zwischen 350 und 1300 n.Chr. hier lebten.

Die Ruinen des sogenannten Klippenpalastes. Der Gebäudekomplex besaß 200 Räume und 23 Kivas. Vor kurzem wurde der Klippenpalast noch einmal untersucht und restauriert. Gustav Nordenskjölds Begeisterung ist auch heute noch nachvollziehbar.

Archäologen und Völkerkundler verwenden häufig den Begriff *Pueblo,* um diese Phase indianischer Kultur zu benennen. Das Wort selbst bedeutet Dorf. Die ersten Indianer kamen etwa 100 v.Chr. zu den *Mesas* (hohe, lange felsige Gebirgszüge) und den Schluchten oder Cañons Colorados und bauten ihre Dörfer auf den Felsplateaus. Gegen 1100 legten die Anasazi-Indianer ihre Wohnstätten unter den überhängenden Felsen der *Mesas* an, bauten sie gewissermaßen in den Fels hinein.

Als Baumaterialien dienten ihnen der Sandstein der *Mesas,* Holz und Mörtel aus Schlamm. Um den begrenzten und daher wertvollen Raum in den Felsspalten möglichst gut auszunutzen, bauten sie Wohnhäuser, die bis zu vier Stockwerke hoch waren. Obwohl sie durch die Lage unter dem unzugänglichen Felsüberhang bereits gut geschützt waren, bauten sie auch Wachtürme zum Schutz gegen wilde Tiere und ihre Feinde, die Athapasken-Indianer.

Außer den Wohnungen gab es auch die sogenannten *Kivas,* runde Versammlungsräume für kultische und andere zeremonielle Zwecke. Ein *Sipapu* genanntes Loch im Boden der *Kivas* hielten die Anasazi für den Eingang zur Unterwelt.

Die Anasazi bauten Getreide, Kürbisse und Bohnen an. Sie züchteten Truthähne, jagten Eichhörnchen, Ratten und Hirsche und sammelten Früchte und Eier.

Die Anasazi-Indianer waren hervorragende Töpfer. Sie stellten Hunderte von Schalen, Krügen und Bechern aus gebranntem Ton her. Die schwarz-weißen Muster der Gefäße sind einfach, aber faszinierend.

12 Machu Picchu — Die versunkene Stadt der Inka

TATSACHEN

Zur Zeit der spanischen Eroberung im Jahre 1532 gab es etwa acht Millionen Inka.

Lamakarawanen konnten auf den Straßen der Inka täglich 20 Kilometer zurücklegen.

Die Inka hatten ein weites Netz von Bewässerungskanälen angelegt. Einige dieser alten Kanäle werden seit kurzem wieder benutzt.

»Plötzlich befanden wir uns inmitten eines vom Dschungel überwachsenen Labyrinths aus kleinen und großen Mauern, in einem Gewirr von Gebäuderuinen aus weißem Granit, die mit äußerster Sorgfalt behauen und ohne Mörtel miteinander verfugt waren. Eine Überraschung folgte der anderen, bis wir erkannten, daß wir uns inmitten der herrlichsten Ruinen befanden, die man in Peru je gefunden hat«, schrieb Hiram Bingham, der Machu Picchu im Jahre 1911 entdeckte.

Ein Jahr später leitete Bingham die Ausgrabungsarbeiten einer US-amerikanischen Expeditionsgruppe der Universität Yale. Inzwischen ist die kleine Inkastadt in den peruanischen Anden völlig freigelegt.

Die Inka waren ursprünglich eine mächtige Sippe, die über eine kleine Bergregion herrschte. Mit der

Zeit bauten sie ein Reich auf, das sich entlang der Ostküste Südamerikas bis nach Ecuador, Peru, Bolivien, Chile und Argentinien erstreckte. Ihre Häuptlinge wurden *Sapa Inka* genannt, was »der einzige Herrscher« bedeutet. Dieser regierte von der Hauptstadt Cuzco in der Nähe Machu Picchus aus.

Die erste mächtige Inkafamilie siedelte sich gegen 100 n.Chr. mit Manco Capac als Oberhaupt in Cuzco an. Machu Picchu wurde irgendwann nach 1438 während der Herrschaft von Pachacuti Inka Yupanqui erbaut. Die Inka machten die Region, die aus Bergen, Dschungeln und einsamen Küsten bestand, zu einem reichen Land. Sie waren hervorragende Planer und legten ein 23 000 Kilometer langes Straßennetz in ihrem Reich an. Die großartige Kultur der Inka wurde 1532 zerstört, als die Spanier Peru eroberten.

Machu Picchu war für ungefähr tausend Einwohner erbaut worden und erstreckt sich über eine Fläche von 40 Hektar. Die Stadt ist auf drei Seiten durch steile Abhänge geschützt. Die vierte Seite ist durch einen Graben und einen Verteidigungswall aus Stein

Die Inka besaßen keine Schrift, machten aber dennoch »Aufzeichnungen«, beispielsweise von den Gütern, die in den Lagerhäusern der Stadt untergebracht waren. Hierfür waren die sogenannten Quipucamayoc zuständig, Buchhalter, die einzig für diese Aufgabe ernannt wurden. Die Buchhaltung wurde mit Hilfe des Quipu geführt, einer Schnur, von der eine Reihe von farbigen Fäden herabhängt, in die Knoten geknüpft sind. Wir können diese »Aufzeichnungen« nicht entschlüsseln, aber wir wissen, daß die Inka in Zehnereinheiten rechneten. Die Hirten in den Anden verwenden auch heute noch eine Art Quipu.

Die Inka ließen sich etwas einfallen, um das Beste aus ihrem gebirgigen Land zu machen. Sie bauten Terrassen und legten lange, schmale Felder an, die von Steinmauern umgeben waren. Auf den Terrassen bauten sie Mais, Bohnen und Kartoffeln an. Manchmal standen auch Meerschweinchen auf ihrem Speiseplan. Lamas dienten den Inka vor allem als Lasttiere, Alpakas wurden wegen ihrer Wolle gehalten. Die Inka entrichteten Steuern in Form von Getreide, das in den Städten gelagert und an die Kranken, Alten und Bedürftigen verteilt wurde.

Das Bild gegenüber stellt das Capac-Raymi-Fest dar. In der Hauptstadt Cuzco führt der Herrscher der Inka eine Prozession zu Ehren des Sonnengottes Inti an. Hier in Machu Picchu vertreten ihn ein Mitglied der königlichen Familie und die Priester der Stadt auf dem Zug zum Sonnentempel. Die Inka glaubten, daß ihre Götter die Welt um sie herum bestimmten. Gelegentlich war es daher notwendig, einem dieser Götter Opfer zu bringen.

befestigt. Wie den anderen Inkastädten liegt auch ihr ein sorgfältiger Bauplan zugrunde. Verschiedene Gebäude (Lagerhäuser, Palast, Gefängnis, Tempel und Wohnhäuser) umgeben einen großen öffentlichen Platz.

Die Inka waren hervorragende Baumeister. Naturbelassene Granitblöcke verwendeten sie zum Bau ihrer Wohnhäuser, rechteckig behauene Blöcke für Tür- und Fensterrahmen sowie für sehr wichtige Gebäude. Fenster und Türen legten sie trapezförmig an.

Die Häuser waren schlicht und hatten nur einen Raum. Die Inka schliefen auf Matten auf dem Boden. Außer Steinbänken entlang der Wände gab es keine Möbel. In diesem Raum mahlten sie Maismehl und bewahrten ihre Lebensmittel und Vorräte in Tonkrügen auf. Oft waren mehrere Häuser, die von einer Großfamilie bewohnt wurden, um einen Innenhof herum angelegt.

13 Williamsburg

Es ist ein warmer Frühlingstag im Jahre 1771; am heutigen Tag, dem 23. April, findet der St.-Georgs-Jahrmarkt statt. Von überall aus der Umgebung kommen Leute nach Williamsburg, um Waren zu kaufen und zu verkaufen – und um Spaß zu haben. Im Hintergrund des Marktplatzes steht das neue Gericht, das erst voriges Jahr erbaut wurde. Es ist ein schönes Ziegelsteingebäude mit einem Turm und einem großen Giebel, der an einen alten griechischen Tempel erinnert.

Hier wird zweimal im Jahr ein großer Markt abgehalten. Der andere findet am 12. Dezember statt. Nun aber naht die warme Jahreszeit, und man ist froh, daß der Winter vorbei ist. Die Bauern bringen ihr Vieh zum Verkauf, und Händler karren Waren aus ganz Virginia heran und bauen ihre Marktstände auf. Überall ist für Spiel und Unterhaltung gesorgt. Es finden auch Wettbewerbe statt: Man wählt die schönste Frau, die besten Tänzer und die geschicktesten Fiedler. Am aufregendsten aber ist die Schweine-

Eine amerikanische Kolonialstadt

jagd. Das ist nicht so leicht, wie es aussieht! Versuch mal, ein Schwein, das von oben bis unten eingeseift ist, beim Schwanz zu packen!

Im Jahre 1585 errichteten die Briten ihre erste Kolonie in Amerika. Sir Walter Raleigh nannte das neue Territorium Virginia, nach *virgin,* dem englischen Wort für Jungfrau. Dies geschah zu Ehren der unverheirateten Königin Elisabeth I. Die Stadt Williamsburg hieß nach ihrer Gründung durch britische Siedler im Jahre 1633 *Middle Plantation,* das bedeutet auf Deutsch »Mittelplantage«. Damals war es eine einfache Siedlung, ein Vorposten des nahegelegenen Dorfes Jamestown, das mit Pfählen befestigt war, um Übergriffe durch die Indianer zu verhindern. Bis zum Jahre 1699 hatte sich die Mittelplantage zu einer kleinen Stadt mit Häusern, Läden und zwei Mühlen entwickelt. Sogar eine höhere Bildungsanstalt gab es. Christopher Wren, der Architekt der berühmten St.-Pauls-Kathedrale in London, soll den Plan für das Schulgebäude entworfen haben.

Im Jahre 1699 wurde die Mittelplantage zur Hauptstadt von Virginia, und zu Ehren von König William III. wurde sie in Williamsburg umbenannt. Die Stadt wuchs, und man errichtete eine Vielzahl von privaten und öffentlichen Gebäuden wie das Kapitol, in dem sich die Volksversammlung von Virginia beriet und Gesetze verabschiedete. Dann waren da noch das städtische Gefängnis, die Pfarrkirche, ein Pulvermagazin, ein Wachhaus und Amerikas erstes Theater, das gegen 1716 erbaut wurde.

Die Stadt wuchs nach einem sorgfältig entworfenen Plan, dessen Grundform aus zwei Straßen bestand, die sich im rechten Winkel kreuzten. Andere Straßen wurden ganz ähnlich wie römische Städte oder Mohendscho Daro netzförmig angelegt und bildeten auf diese Weise exakt rechteckige Grundstücke, auf die die Häuser gebaut wurden.

Dies ist der Gouverneurspalast, der offizielle Sitz der sieben Gouverneure, die von den Briten zwischen 1709 und 1781 eingesetzt wurden. Virginia war die größte britische Kolonie in Amerika, und die Vertreter des Königs brauchten eine eindrucksvolle Residenz. Der Palast steht in einer schönen Anlage mit einem großen See, einem Rasenplatz zum Bowlingspielen und mehreren Gärten.

Die meisten Häuser in Williamsburg waren aus Holz gebaut. Sie bestanden aus Holzrahmen, die mit Balken miteinander verbunden waren. Die Verkleidung außen erfolgte wie bei diesen Beispielen mit weiß gestrichenen Holzbrettern. Normalerweise wurde nur der Kamin an einer oder beiden Stirnseiten aus Stein errichtet.

Historische Archäologie

Wie kommt es, daß wir soviel über Williamsburg und seine Gebäude wissen? Wir verdanken dies teilweise der Tatsache, daß es – im Gegensatz zu früheren Zeiten – aus dem 18. Jahrhundert eine Vielzahl von Aufzeichnungen und Dokumenten gibt, in denen diese Informationen festgehalten wurden.

1901 restaurierte der Rektor der Pfarrkirche von Williamsburg seine Kirche, die im Jahre 1715 erbaut worden war. Der Pfarrer hatte sich vorgenommen, die ganze Altstadt von Williamsburg zu sanieren. Zu seinem und dem Glück der Nachwelt besuchte der Millionär John D. Rockefeller Junior Williamsburg im Jahre 1926 und steckte riesige Geldsummen in das Projekt. Grabungen wurden durchgeführt; mit Hilfe von alten Dokumenten wurde ermittelt, wie die Gebäude früher aussahen. Alte Bausubstanz wurde restauriert. Viele der Gebäude mußten jedoch mit Hilfe von Plänen, Dokumenten und altem Bildmaterial völlig neu gebaut werden.

Williamsburg ist heute wie viele unserer Altstädte eine »bewohnte Museumsstadt« und steht unter Denkmalschutz. Viele Gebäude sind der Öffentlichkeit zugänglich. In der alten Apotheke zum Beispiel kann man auch heute noch Medizin kaufen. Einem Waffenschmied kann man in seiner Werkstatt über die Schulter sehen, die nach dem ursprünglichen Gebäude von 1768 wiederaufgebaut worden ist.

14 Das Empire State Building

Kannst du dir ein Haus vorstellen, das über 400 Meter hoch ist und 102 Stockwerke hat? Die New Yorker gewöhnten sich in den zwanziger Jahren allmählich an so hohe Gebäude. Nicht ohne Grund nennt man sie Wolkenkratzer.

Es gibt verschiedene Gründe, weshalb so hohe Gebäude errichtet werden. Der Baugrund in New York City ist fürchterlich teuer; deshalb muß man »hoch

New York City mit dem Empire State Building im Vordergrund. Das Skelett des Gebäudes ist eine Stahlkonstruktion. Die Außen- und Innenwände sowie die Böden bestehen aus Beton. Die Fassade aus Kalkstein und Granit wurde mit Edelstahl verziert. Im Hintergrund das World Trade Center mit seinen beiden knapp 420 Meter hohen Türmen.

Archäologie der Zukunft?

TATSACHEN

Das Empire State Building wurde am 1. Mai 1931 fertiggestellt. Die Gesamtkosten beliefen sich auf fast 41 Millionen Dollar.

Bis 1973 war es das höchste Gebäude der Welt.

Die Gesamthöhe beträgt 443 Meter. 1950 wurde noch ein 68 Meter hoher Fernsehmast hinzugefügt. Das Erdgeschoß erstreckt sich über etwa 0,8 Hektar.

Es hat 6500 Fenster, 73 Aufzüge, 1860 Treppenstufen und ein Stahlgerüst mit einem Gewicht von 60 000 Tonnen. In dem Gebäude arbeiten etwa 20 000 Menschen.

---

hinaus«, um den riesigen Bedarf an Wohnungen und Büros in dieser Millionenstadt zu decken.

Architekten und Bauunternehmer erfanden neue Methoden, wie man solche Gebäuderiesen errichten kann. Unter der Stadt befindet sich eine dicke Schicht von hartem Gestein, so daß sich die Fundamente der Wolkenkratzer nicht verschieben können.

Im Jahre 1929 entwarf eine Gruppe von Geschäftsleuten einen Plan zum Bau des höchsten Gebäudes, das New York und die Welt bis dahin gesehen hatten. Das Gebäude wurde 1931 fertiggestellt und ist ein weltweit bekanntes Wahrzeichen: das Empire State Building. Inzwischen steht das Empire State Building nur noch an dritter Stelle: Es wurde vom World Trade Center in New York und vom Sears Tower in Chicago an Höhe überrundet.

Stell dir einmal vor, du seist ein Archäologe der Zukunft.

Wenn nur noch ein Teil des Wolkenkratzers stünde (wie das bei den Häusern in Skara Brae der Fall ist), könntest du herausfinden, wie das ganze Gebäude aussah? Stell dir vor, es wäre nur noch das Fundament übrig – ein paar Löcher im Boden mit den Überresten von Beton und Stahl. Könntest du die Größe und die Form des Gebäudes rekonstruieren? Archäologen sind bei ihren Rekonstruierungsversuchen oft auf die Löcher von Pfosten angewiesen, wo einst Häuser aus Holz standen.

Stell dir vor, du hast alle möglichen Hinweise über das Gebäude selbst zusammengetragen und kannst dir ganz gut vorstellen, wie es aussah. Dann ist die nächste Frage, wofür es wohl verwendet wurde. War es ein öffentliches Gebäude oder ein Privathaus? Wohnte oder arbeitete man darin, oder benutzte man es für zeremonielle Zwecke wie beispielsweise eine Kirche?

Welche Hinweise könnte es geben, die dir weiterhelfen würden?

Nun, da du einige Erfahrungen als Archäologe auf Spurensuche gesammelt hast, kannst du losziehen und nach Hinweisen suchen, die dir von der Vergangenheit deiner Umgebung erzählen.

Worterklärungen

Alpaka Eine als Haustier gehaltene *Lama*art Südamerikas.

Amphitheater Ein dachloses Theatergebäude der griechischen und römischen Antike in Form einer Ellipse mit stufenweise aufsteigenden Sitzreihen.

Aquädukt Ein brückenartiges Bauwerk aus Stein, in dem die Römer Wasser für die Versorgung der Bevölkerung weiterleiteten.

Archäologe Eine Person, die die Vor- und Frühgeschichte der Menschheit studiert und zu diesem Zweck Überreste und Ruinen erforscht.

Atrium Der offene Hauptraum eines römischen Hauses.

Barbar In den Augen der Römer waren alle Nicht-Römer Barbaren. Im übertragenen Sinn: ein wilder, unzivilisierter Mensch.

Cañon Eine tiefe Schlucht in einem felsigen Gebiet, oft mit einem Flußlauf in der Talsohle.

Dynastie Eine Folge von Herrschern, bei der jeder die Macht von seinem Vorgänger erbt.

Eisenzeit Nach *Stein-* und *Bronzezeit* die dritte größere vorgeschichtliche Periode, in der sich die Verwendung von Eisen durchsetzte.

Gouverneur Der offizielle Stellvertreter des Königs in einer *Kolonie*.

Kolonie Eine auswärtige Besitzung eines Staates, die politisch und wirtschaftlich von ihm abhängig ist.

Impluvium: Ein Auffangbecken für Regenwasser im *Atrium* eines römischen Hauses.

Lama Ein südamerikanischer Wiederkäuer mit wolligem Fell, der als Lasttier verwendet wird und mit dem Kamel verwandt ist.

Latrine Eine primitive Toilette.

Legionär Ein Soldat der römischen Armee.

Mastaba Ein altägyptisches Schachtgrab mit flachem Dach.

Mesa Ein hohes, steil abfallendes Felsplateau im Südwesten Nordamerikas.

Minotaurus Ein Ungeheuer, halb Mensch, halb Stier, das nach der Sage im Labyrinth des König Minos gelebt haben soll.

Mosaik Aus kleinen, bunten Steinen oder Glassplittern zusammengesetztes Bild oder Ornament zur Verzierung von Fußböden, Wänden und Gewölben.

Pueblo Eine Siedlung der Indianerstämme, die im Südwesten Nordamerikas beheimatet sind.

Quipu Eine Anordnung von Schnüren, die die Inka zum Zählen benützten.

Radiokarbonmethode Ein Verfahren zur Altersbestimmung ehemals organischer Stoffe, bei dem deren Gehalt an radioaktivem Kohlenstoff ermittelt wird.

Rhyton Bei den Minoern ein Kultgefäß, dessen Öffnung oft als Tierkopf ausstaltet war.

Steinzeit Eine urgeschichtliche Periode, in der die Menschen Waffen und Werkzeuge hauptsächlich aus Stein herstellten. In Europa wird die Steinzeit in drei Epochen eingeteilt: Altsteinzeit, Mittelsteinzeit und Jungsteinzeit. Die europäische Steinzeit begann vor mehr als einer Million Jahren und endete um 1800 v.Chr.

Toga Das von den vornehmen Bürgern getragene Obergewand im alten Rom.

Trapezform Ein Viereck mit zwei parallelen, aber ungleich langen Seiten.

Register

Abfall 7
Ägypten 16-18
Akrotiri 21
Alltagsleben 6, 13
Alpakas 40
Altstädte 44
Amphitheater 23
Anasazi-Indianer 36-37
Angelsachsen 12, 13
Archäologie 4-5, 44, 46
Argentinien 39
Athapasken-Indianer 37
Atrium 27

Backofen 15
Bäder 21, 23, 28, 29
Bauern 7, 10, 15, 29, 30, 42
Befestigungsanlagen 9, 13, 30, 31
Bestattungsbräuche 15, 34
Beton 45, 46
Bewässerungskanäle 38
Bingham, Hiram, Archäologe 38
Biskupin 8-11
Blockhütten 9-11
Bolivien 39
Briten 43

Çatal Hüyük 14-15
Cheops 16
Cheopspyramide 16-18
Chicago 46
Chile 39
China 30, 32-34
Chinesische Mauer 32
Colorado, US-Bundesstaat 36
Cuzco 39, 40

Denkmalschutz 44

Ecuador 39
Eisenzeit 9
Elisabeth I., englische Königin 43
Empire State Building 45-46
Erdbeben 21
Erich Blutaxt, Wikingerkönig 12
Evans, Arthur, Archäologe 20

Felsendörfer 36-37
Felsengräber 16
Feuerstellen 6, 9, 13, 15
Figuren 29 siehe auch Statuen
Fiorelli, Guiseppe, Archäologe 25

Gebetsschreine 14, 15, 27
Gize 16-18
Goldhandel 30
Goldverarbeitung 30
Götter 14, 15, 19, 27, 40
Grabhügel 34
Grabkammern 17
Grabräuber 17
Grabstätten 15, 16-17, 34
Griechenland 19-21
Großbritannien 6-7, 12-13 siehe auch Briten

Handel, Händler 12, 21, 23, 27, 29, 42
Handwerk, Handwerker 10, 12, 13, 15, 23, 29
Herculaneum 22-25
Hieroglyphen 18

Impluvium 27
Indianer 36-37, 43
Indien 30
Inka 38-41
Italien 22-27

Jamestown 43
Jorvik 12
Jungsteinzeit 7
Juvenal, römischer Schriftsteller 22

Kämme 13
Kanalisation 29
Keftiu 21
Khufu 16
Kivas 37
Kleidung 15
Klippenpalast 37
Knossos 19-21
Kolonien 38, 39, 43
Kreta 19-21
Krieger 34-35
Kutschen 35

Lamas 38, 40
Latrinen 13 siehe auch Toiletten
Lehmfußboden 13
Lehmziegel 14, 15, 16

Machu Picchu 38-41
Malaysia 30
Manco Capac, Inka-Herrscher 39
Maschonaland 30
Mastabas 16

Mauch, Karl, Forscher 30
Meerschweinchen 40
Mellaart, James, Archäologe 14-15
Menschenopfer 20, 21
Mesa Verde 36-37
Minoer 19-21
Minos, König der Minoer 20
Minotaurus 20
Möbel 6, 40
Mohendscho Daro 28-29, 43
Monomotapa-Reich 30
Mosaiken 27
Müllabfuhr 29
Müllschlucker 29
Musikinstrumente 27
Mutota, Monomotapa-Herrscher 30

Neapel 22
Neolithikum 7
New York 45-46
Nordenskjöld, Gustav, Archäologe 36

Pachacuti Inka Yupanqui, Inka-Herrscher 39
Pakistan 28-29
Paläste 19-21, 40, 43
Peru 38-41
Pharaonen 16, 21
Piranesi, Francesco, Maler 25
Plinius, römischer Geschichtsschreiber 25
Polen 8-11
Pompeji 22-27
Porzellan 30
Priester, Priesterinnen 19, 21, 28, 40
Pueblo 37
Pyramiden 16-18

Quipu 39
Quipucamayoc 39

Radiokarbonmethode 7
Raleigh, Walter 43
Rhodesien 30 siehe auch Simbabwe
Rhytonen 19
Rockefeller, John D. Junior 44
Römer 22-27

Santorin 21
Sapa Inka 39, 40
Schauspieler 27
Schottland 6-7

Sears Tower 46
Siegel 29
Simbabwe 30-31
Sipapu 37
Skara Brae 6-7, 46
Soldaten 34-35
Spanier 39
Statuen 32, 34-35 siehe auch Figuren
Steuern 40
Stiersprung 20
Straßen 9, 13, 22, 38, 39
Stufenpyramiden 16
Südamerika 38-41

Tablinum 27
Tempel 29, 40, 42
Theater 23, 27, 43
Toiletten 29 siehe auch Latrinen
Töpfe 7, 37
Ts'in Schi-huang-ti, chinesischer Kaiser 32-34
Ts'in-Dynastie 32
Türkei 14-15
Tutanchamun, ägyptischer Pharao 16

USA 36-37, 42-46

Vereinigte Staaten siehe USA
Vesuv 25, 27
Vieh 7, 9, 10, 13, 29, 30, 42
Virginia, US-Bundesstaat 42-44
Vulkanausbrüche 21, 25

Wachtürme 37
Waffen 35, 44
Walknochen 7
Wandgemälde 14, 15, 20, 21
Werkzeuge 7, 30, 36
Wikinger 12-13
William III., englischer König 43
Williamsburg 42-44
Wolkenkratzer 45-46
World Trade Center 45, 46
Wren, Christopher, Architekt 43

York 12-13

Zimbabwe siehe Simbabwe